보이지 않는 흔적들

해인 보살의

보이지 않는 흔적들

해인 신연숙 지음

문경출판사

| 시인의 말 |

자연 속에서의 기다림

　창으로 보는 풍경들, 아주 작은 창, 작아서 큰 것을 보지 못하고 해와 뜰 그 안에서 자라나는 식물과 곤충들과 미생, 스스로가 선택한 창살 없는 창가에 서서 작은 세상이 전부인 양 그들과 이야기하며 살아 왔다. 아침이 되면 밤사이 보지 못했던 나무, 여전히 나의 뜰에 있는 작은 생명들 전부와 대화를 한다. 그런 대화를 나누면서 세상의 파고와 전혀 다른 세상에서 감성에 의지하며, 나의 정원에서 힘을 받아 세상살이에 미진한 나를 인내의 울타리 안에서 어른들의 훈육을 달게 받았다.

　아무 것도 생각나지 않는 고난의 시간이었지만, 아직도 나의 감성은 살아 있고, 만나고 대화하는 중생과 그 밖의 사람들, 거짓 없는 진실 위에 서 있다. 일흔이 다 되어도 늙지 않는 사고와 사색 감성, 어려운 일이 있을 때마다 말없이 온몸으로 받아내었다. 저항이 아닌 고통 분담, 사람이 하기 싫은 일들을 기꺼이 감내한다.

꽃을 심었다. 계절마다 마당과 정원, 뒷동산에서 화려한 꿈을 꾸고 환하게 웃고 있었다. 어느 것 하나 버릴 수 없는 소중하지 않은 것이 없기에 어머니의 힘든 삶을 내게 가져오기로…….

어머니의 한숨, 눈물, 수고, 커다란 업경대가 반사하고 또 반사하였다. 묵언기도와 자비도량 참법기도를 통하여 나를 조각조각 해부하는 작업에 들어갔다. 내 안에서 고개 숙이며, 오체투지하는 그 모습을 깊이를 알 수 없는 잔잔한 호수에 비춰서 마음으로 바라보았다. 그곳에는 앞산에 까투리 울음소리와 뻐꾸기 노랫소리도 비쳤다. 하늘의 해와 구름, 감추어진 달, 호수 속의 잔돌과 컴컴함까지도……. 다만 오체투지하였을 뿐인데 말이다. 자연은 제 모양대로 있는 그 자리에서 특별한 공감 능력으로 발광(發光)한다. 늘 행복함을 나누는 끝 모를 자비, 그 자비는 모든 사람과 나를 살린다.

사람이 아닌 순수한 감성을 지닌 특이한 울음소리, 자연의 흔들림에 귀 기울이며, 듣고 배우기를 십 수 년, 드디어 그들과 대화를 시작하였다.

시를 통해서, 자연을 통해서 삶의 찌꺼기들을 정화할 수 있었다.

그들은 나의 스승이 되어 날마다 날마다 새로운 소식과 함께 내게 기쁨을 선물하였다. 그런 그들을 남겨놓고 새로운 터에 둥지를 틀어야 했을 때 얼마나 미안하고 서운한지, 불교에서 말하는 좋은 인연, 나만이 가두는 인연 말고 더 큰 인연 만나기를 또한 소망한다. 내 꿈과 희망이 무언지 마음 안에 간직한 소중한 보물들을 언제 꺼내 볼까?

조용히 침묵하며 기다려 왔다. 작은 세상에서 산이 사람의 지저귐, 마음은 세상을 다 품고 차지한 느낌의 상상, 그 상상이 부디 이루어지길 기도한다. 마음이 이어지는 그곳에 진실함이 있어, 늘 예쁜 꽃이 피어나길 기대하면서 서문에 갈음한다.

2025년 10월

천왕사 해인의 뜰에서

차례

■**시인의 말** 자연 속에서의 기다림 · 9

제1부 자연과 나

19 · 감나무
22 · 붉은 단풍
24 · 단풍
25 · 은행나무와 감나무
27 · 꿀벌과 말벌
28 · 이어짐
29 · 봄비
30 · 물망초
32 · 장미
33 · 잔인한 사월
35 · 무궁화
36 · 꽃
38 · 여정
40 · 늦은 가을
41 · 선암사 수계산림
42 · 돌멩이 2
44 · 우주의 신비
46 · 이중성
49 · 벌이 꽃을 찾는다
50 · 안개 속

51 · 처음 가는 길
52 · 홍수

제2부 사랑은 나의 것

55 · 소녀
56 · 방편 1
57 · 방편 2
58 · 하나 된 반반
59 · 나를 버리는 즐거움
62 · 인생
63 · 아버지 1
65 · 아버지 2
67 · 다짐
69 · 오늘 같은 날
71 · 왜
73 · 업의 끈
75 · 그날
76 · 가을에 보내는 편지
78 · 늘 보는 그대들에게
79 · 본마음 뜬 마음
80 · 장애인
82 · 정답은
83 · 살면서
84 · 엄마의 술독
87 · 옥석

89 · 그런 거야
91 · 사랑이라는 것
92 · 설사한 팥빙수
93 · 사랑

제3부 천왕사의 사계

97 · 천왕사 충렬탑
100 · 생사
101 · 천왕의 향연
104 · 꿈
106 · 마음의 화두
108 · 선지식 길 떠나다
110 · 이사
111 · 없는 거야
113 · 가는 거야
114 · 희망
115 · 유량 왕자산 천왕사
116 · 불사
118 · 거꾸로 신발
119 · 경로석
120 · 메리 크리스마스
121 · 체념 안에 숨은 꿈
122 · 날마다
123 · 삶의 굴레
124 · 빛과 그림자

126 · 열반의 꽃
127 · 해탈의 꽃
128 · 상실의 슬픔
130 · 궤도 변경
132 · 보물찾기 1
133 · 보물찾기 2
135 · 사회적인 책임
136 · 공사
138 · 미로
140 · 인연
141 · 원위치
144 · 회귀
147 · 보살님

제4부 보이지 않는 흔적들

151 · 그대
153 · 늘 보는 그대들에게
154 · 오늘에 있어서
155 · 예찬과 무심
157 · 사과와 훈계
158 · 병실
159 · 교통사고
160 · 살아갈 이유
162 · 산통
165 · 처음 가는 길

166 · 복잡한 셈법
168 · 관정리
169 · 눈물
170 · 얼굴
172 · 시낭송
173 · 헌 옷
174 · 너와 나
175 · 자식 1
176 · 자식 2
178 · 뱀
180 · 이별의 서곡
181 · 자상하신 어머니
182 · 부도탑
184 · 엉뚱한 과학자
185 · 유언
186 · 동지팥죽
187 · 재앙의 대한민국
188 · 이전의 세상
189 · 행복한 하루

■추천사
백발 소녀의 꿈
_최태호 · 190

제1부

자연과 나

감나무

너 거기 수십 년 간 우뚝
서 있는 아름다운 자태
보고 또 보아도
자꾸 보고파
문 열고 뜰로 향한다

햇살도 거르고
바람도 스치고
늘 거기 서 있다

오늘은 너에게
누가 왔을까?
까치가 왔구나!

내일은 누가 올까?
음 참새가 올 거야
그 다음날엔 벌이 왔다
아주 많이

웅 웅 웅
벌들이
춤을 춘다

수만 수천의 꽃들이
꿀벌들을 맞이하고 있다
벌은 꿀을 따고
나는 나무 아래 꽃비를 맞으며
향기에 취해 있는
벌과 함께 한다
달콤한 향기
밥도 되고 떡도 되고

예전엔 목걸이 만들어
동무들과 놀았었다

톡톡 토도독
마당에는 비가 내린다
톡톡 토도독
추억이 쌓여간다

가만히 귀 기울이면
음악이 되어
오래 오래 누군가를
생각한다

내 나이보다 더
오래 살고
있는 해인의 뜰 주인 곁에
추억의 향기와
꿈 꾸는
벌들의 행복

그리고
가을을 기다리는 까치와 참새가
노래한다

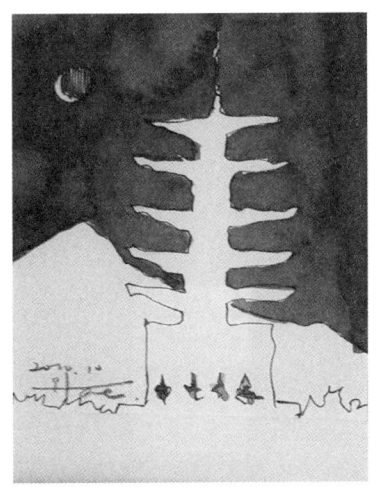

붉은 단풍

비 오는 이른 아침
나뭇잎 또한
비 되어 쏟아진다

붉음은 뜨락을 지나
핏속까지 뻗어
누군가를 기다리는

친구보다는 정열을 가진
애인이었으면
좋겠다

향긋한 커피 눈 속 깊이
잠겨 있는 마음을
깨우고 싶다

거짓이라도 좋다
이 가을 나만을 사랑하는
그대가 있어

뜨거움에

울렁이는
가슴이고프다

단풍

시가 좋아
글이 좋아
글쟁이로 살고프던
세월은 무뎌지고
나는 마당 쓰는
빗자루를 잡고
시를 쓰고 있다

노랑 시
붉은 시
반 쯤 물든
이파리들

써 억 써 억

글쟁이 마당 쓰는
손이 바쁘다

은행나무와 감나무

푸르렀던 계절
마냥 너와 함께 한
이브의 행복
어느덧 석양의
화려함을
뒤로하고
점점 짙어지는 어둠

푸르름에서
노랗게 찰랑찰랑
팔랑팔랑
휘이휘이
허공을 휘저으며
큰 나무는 너를 흔들어
금세 낙엽으로 만들어
또 한 번 휘이 휘이
어디론가로 날려 보낸다

다시 볼 수 없는
기약 없는 여행에서
피할 수 없는 필연

파괴의 신과
탄생의 신이
악수를 한다
어둠이 내려
위대한 신은
깊고 깊은
물속에 잠긴다

꿀벌과 말벌

허공을 가로질러
말벌은 질주한다
날카로운 이빨로
먹이를 찾아
독수리 표적 채듯
사나움을 과시한다

꿀벌은 늘 부지런함으로
꽃과 나무 사이를 오가며
꽃술에 앉아
향기를 딴다

말벌은 꿀벌이 먹이로
열심히 저장한 꿈들을
단번에 빼앗고
말았다

이어짐

가을꽃 곱게 피어
하늘대고
은행나무
노란 이파리
열매 떨구고
자신의 무거운 짐
애지중지 가꾸어온 결실

또 다른 희망을 위해서
쉼 없이 떨군다

봄비

투명한 물방울
나뭇가지마다
알알이 맺혀

반짝이는 보석
휘어지고 등 굽은 나무
세월 위에 계절을 재촉하고

오래됨은 검음
속절없는 그리움은
뽀얀 허공

빛바랜 문틀과
오래 묵은 기와 사이에 난
와송 신비감 더해 가는데……

물망초

뒤뜰 파란 물기 머금은
초목과 수풀 위에
바람 스쳐지나
지상과 하늘
이어주는 기다란
사닥다리

무엇이 슬퍼 안타까운가
회색의 사무친 그리움
무한히 기나긴
기다림

휑하니 가버린 빈자리
초록의 물결은 출렁이고
처마 기와 끝에 매어 달린
물방울은
세월 저편에서
회색의 공간으로 이동하고

세월을 축내고 있는
그대여!

나
여기
이렇게
타는 가슴으로
말없이
서 있는데!

장미

해질녘 장미 송이 속으로
손을 디밀어
그 향내를 마시며
여름 하늘을 바라보았다
그곳엔 서늘한 감미로움이
어느덧
내 가슴 속에는 분홍의 피가
온몸을 감싸고
풋풋한 향기를 한껏
마시었으나
가시 돋친 그것은
나의 심장을 콕콕 찔러
여름밤이 깊어갈수록
상처는
피맺히도록 아팠다

잔인한 사월

참새 떼 지저귐
버드나무 푸른 숲
가지마다 흔들흔들

뜰 앞 사철나무
겨우내 입었던
진한 옷 벗어 던지고
하얀 꽃 연한 연둣빛
갈아입었다

날아드는 새
이리저리 헤집고
서로의 짝을 찾는
정다운 노래
버드나무 푸른 가지
즐거워 흔들흔들
하얀 기쁨의 눈물
온 대지에 뿌려
수줍은 새색시
한껏 자태를 뽐내
바람에 내맡기곤

담 밑에 한 떨기
흰 매화는 누굴
기다려 피었는가!

무궁화

젊음이 시려
가족이 그리워
보지 못하는 아쉬움
탑 주변을 맴돌면서
그 마음 함께 하였던
너는 작은 무궁화
어느덧 어른으로
화들짝 큰
꽃송이 주렁주렁
착함과 평화
복된 행복
하늘에서 시원한 바람
짙은 구름 서서히 물리고
무궁화 꽃 활짝 웃고……

꽃

흐드러지게 핀 꽃보다는
녹색이 자리한 가운데
살짝살짝 작은 꽃이

꽉 메꾼 자리는 답답하여
전체를 볼 수 없고
자잘한 꽃과 선은

전체가 보이며
언제나 여유로움 속에서
행복, 사랑, 그리움 생겨나

또 다른
그대들에게
그 무엇을 나눌 수 있다

욕심 가득한 마음자리는
마주 대하는 상대
상처 주어

비인 듯 모자란 듯

모두를 편안케 하며
푸르름이 영그는 이 자리에
짙은 꽃향기가

현기증으로 아득해지는 정신
푸르른 냉이꽃에 한껏
취하여 본다

여정

　1
첩첩 눈 쌓인 겨울 산
하늘엔 뭉게구름 둥실
낮게 떠 있고
해 지는 저녁놀

싸한 삭풍 불어와
내 볼을 스칠 때
때 없이 흐르는 눈물

　2
눈 쌓인 낮은 동산
벌거벗은 나무
붉은 저녁놀
흰 눈의 외로움
그 무엇을 보아도
두 볼을 타고 흐르는 인연

　3
말없이 흐르는 세월
사람 사는 도리

마음과 마음이 가닿는
그곳엔 늘상
애증과 슬픔이 함께
마음 외로워 아픔 가슴

  4
아!
나를 아는 그대들
날 놓아다오
그것이 어떠한 원결인지
어느 만큼 살아야
힘 있는 사람 되어
세상을 움직일 것인가!
어느 만큼의 고통이 있어야
복이 되어 내게로 돌아올 것인가
(1995.1.1.
제천 첩첩 눈 쌓인
해 지는 능선을 바라보며)

늦은 가을

짧아도 길어도
헤지지 않으면 되었기에
어느날
님은 왜 젊은이들 옷을 입으세요
생각했다
이 옷이 너무 젊은 것이었나?
오랫동안 보지 않았던 거울을 본다
예쁘고 청순한 내가 아닌
서릿발 성성한 여인이 서 있다
고개를 갸우뚱 묘한 느낌
이 사람이 정녕 나였던가?

선암사 수계산림

청아한 하늘
번뇌 실타래 풀어 놓은 듯
형형색색 물든 가을산
모두의 마음일다
득도하시는 스님
그 동안의 노고를 오늘 다
내일부터는 고된 중생제도
사람들은 말한다
나도 절간에서 살아볼까
그 길이
얼마나 더디고 다운 길인지도 모르고

돌멩이 2

　1
돌 정원에 또 돌이 얹혀 있다
포개진 돌은 서로 짝을 하며
기대어 관심을 더해 간다
혼자 있을 땐 보이지 않던 것들이
서로를 의지한 후로
의미가 생겨난다

큰 돌 위에 작은 돌
넓적한 돌 위에 둥근 돌
파인 돌 위에 맞춤 돌
사이사이 사잇돌
한가롭지만 재미있다

　2
인생이란
서로에게 어떤 의미가
부여되었을 때
좀더
열심히 삶을 의지한다
계절은 가을로 접어들고

삭풍에
나 또한 삭풍이 되려나
인생의 미로에 빠져
다시금 나이를 엮어간다.

우주의 신비

부처님의 화장세계
누군가를
무엇인가를
모를 존재들

병든 별
블랙홀 통해 새론 별로 탄생하고
무수한 시간 동원하여
원자와 분자를 만들고
분자는 다시 핵이 되고
원자는 수소가 되고
그러면서
죽은 별은 다시 살아난다

그 누군가는
천체와 별을 지키기 위해
달콤한 꿈을 주고
희망의 채찍으로 일을 하게 한다

돌아보면
진화를 선물하면서

우주는
또 그렇게 돌아간다
우주의 청소부
그렇게

이중성

1
짓눌린 인생에서
어여쁜 작은 꽃의 향기를 마시며
사뭇 즐거워 노래한다
그 노래가 채 끝나기도 전에
검은 구름이 몰려와
뇌성벽력이 떨어졌다
꽃은 빛을 잃고
새들한 바람결에
한들거리며 통곡을 한다
못 다한 사랑과 그리움
그리고 행복을
천왕사에 심어
오고갈 중생들의
쉼터를 만들어 주리

2
매미 소리 사라지고
푸른 하늘 아래
흰 장미 만발한데
길손 끊어진 마당 당상에

어디선가 날아오는
연한 연기 마시며
그대의 향기를 추억한다

아무 것도 없는 무상의 쉼터에
살며시 왔다 간 그대의 영혼
가장자리 그 어딘가에서
지치고 힘든 또 다른 영혼들은
무상의 쉼터에 잠들게 하리라

3
뽀얀 연기 안개 되어
꽃과 돌탑을
어루만진다
매캐한 연기
모기와 파리 날벌레들은
그만 질식 하고 만다
덩치 큰 벌레는 멀찍이
작은 하루살이는
불을 보곤 미친 듯이
빨려 들어간다

그렇게 무상의 세월은 흘러
우리들의 쉼터 또한 무너져
아련한 연기 되어 사라진다
옛적에도 그랬고
앞으로도 변하지 않을
무상의 공함을
나누지도 그리워하지도
추억하지도 말라

벌이 꽃을 찾는다

울릉도 취꽃
마음속에 자리 잡아
눈 시원하게
꽃이 보석이랄 수밖에

벌 몇 마리
분주히
이꽃 저꽃
꽃술에 앉아

꿀을 따고 있다
생존인 양

안개 속

그대가 그렇다면
그런 거지
아니라면 아닌 거지

뭐 그리 중요하다고
그냥 그렇게
믿으면 되는 거지

인생은 아련한
안개와 같아
알 수 없는

마음길따라
뽀얀 안개
움직인다

처음 가는 길

한 번도
같음 없는
구름

형상
사색
꿈

문득
자고 나면 아침
잠들면 밤

구름인 듯
꿈인 듯
내밀한 법칙

인연과 연기로
인생의 문을
여닫는다

홍수

개천가 항아리
어두운 밤
웅장한 물소리

하늘이 빵꾸 났나
쏟아지는 물줄기
흐르는 하천과도 같다

어제 본 창문
작은 폭포
작은 행복

오늘
성난 황톳물
무엇이든 삼킬 것 같아

들락날락
떨고
겹치는 두려움

제 2부

사랑은 나의 것

소녀

누군가 말했다
소녀라고 그래?
소녀가 되어야지
하얀 머리지만 긴 머리로
큰 소리를 나지막하게
당신 사랑해요
뭐라고요?
당신 사랑한다고요
뭐라고?
당신 사랑한다고요
소녀를 깨는
변심한 소녀

방편 1

바람 불어 스산한데
그대들은 뛰어다닌다
산으로 들로

사람 사는 길 하나
능력인 줄
이길저길 뛰어

산토끼 잡으려다
들토끼 놓치는 꼴
스승 이름 팔고 다닌다

그 스승 태산처럼
태연히 앉아
탄식하며 한마디

할……
헐……
껄…….

방편 2

"껼" 해도 소용없고
들토끼 잡아 멧돼지
고사를 지내도 소용없어
앉아 있는 자리가 그 자린데

모두 방편에 사로잡혀
무슨 방편
시험을 친다

방편에
방편이
죽어간다

자!
이제 방편을 풀고
진정 선 방편을
보여야 하나!

하나 된 반반

늘 향상
같은 생각으로
꿈을 이야기한다
그의 꿈이
나의 염원이기에

나의 희망이
그의 이상이기에
그와 나는 반쪽짜리
그래서 하나이기를

나를 버리는 즐거움

　1
겨우 내내
쓸리고 부딪치고
구석진 그곳을
왜 택하였을까?
커다란 봉투에
잔해를 담는다
촉촉한 흙내음
코끝에 머문다
봄이 왔는가!

　2
뜰에 새 떼 한 무리
포르르 날아와
부리로 꼭꼭 찍어 댄다
먹이가 있음일까
흙이 부족한 도심에서
모처럼 즐거워한다.

　3
커다란 고목

아홉 그루
내 삶에
힘과
용기
봄이 오면 내게
소중한 꽃차를
여름 되면
살구잼과 효소 술
가을되면 나를
상념에 들게 하여
시인이 되게 하며

굴곡진 인생 이야기
발가벗겨진 그에게
반한다
거짓 없는 삶이기에

  4
나에게 얼마간의 수고
그 공덕은
나를 기쁘게

일 년의 즐거움을 준다
공짜 없는 이 현실에서
기꺼이 나를 내어 준다
버릴 수 없는
봄 되면
예쁜 포장을 한다
그렇게 되고 싶어
하고 싶어
보이고 싶어

인생

들고양이
영양실조
폐렴 눈병
먹이고 살핀 지
반년
날쌘 사춘기

우연히 발견한
길냥이
도순이

한평생 삶을
책임지려
중성수술

가련한 연민
원망어린
눈

쓰담 쓰담
또
쓰담 쓰담

아버지 1

아주 어렸을 적에
늘
청주를 향해
관정리에서
강성밭 언덕 은행나무 아래에서
아버지를 기다렸다

어느 땐 가슴 벅찼고
또 어느 땐 보고픈 마음에
울기도 했다
그러던 아버진 엄마 아닌
다른 여자를 데리고 왔다

철이 들어 엄마와 다른 여자
존재를 알았을 때
우리들 가슴속엔
미움과 원망으로 가득 차서
그 여자를 지독히 증오했다

그래도 엄마는 아버지를
미워하지 않고

평생 수절하였다
그런 엄마를 보고 결코
아버지를 미워할 수 없었다

아버지 2

아리따운 처녀가 되어
아버지와 전혀 다른
단지 다르다는 그 하나로
만족하면서
일생을 같이 하기로

아버지와 그 여자는 결혼식에
임하는 어여쁜
신부의
마음을 아프게
하였다

그 아버지는 늙었다
그리워하는 자는
무엇이든 주려고 한다
그러나 미치지 못하여
마음으로 고통스러워하고

그 아버지의 자식들은
미움이 사랑 되고
그리움에 사무쳐

돌아가신 뒤에도
한이 되었다

다짐

다짐 1
결혼식 날
신부는 입을 굳게
다문 채 웃지 않았다

집안 이야기 절대
하면 안 된다는
양가 어른들의 준엄한 교훈

다짐 2
새댁은
대중탕 영화관
철저히 세상에서 잊혀졌다

어느 날
믿음 사랑 와르르
굳게 다문 입
팔자 주름 깊게 파였다

다짐 3
어느 사이 생의 한가운데서

그녀는 퍼즐 맞추기를
그 세상에서 깨어나

다른 퍼즐이
필요했지만
생각나질 않는다

다짐 4

누군가 만들어 놓은
생의 찌꺼기들
완벽하게 맞추었는데

또 다른
퍼즐이
기다린다

다짐 5

공수래공수거
부처님 손바닥 알면서도
또 퍼즐을 이어 간다

오늘 같은 날

오늘 같이 좋은 날
가슴속 얽매놓았던
매듭 풀었다
산허리를 감았던
안개 서서히 걷히고
웅장한 자태 자랑한다

사시사철 모양 달리하며
쨍그랑
피맺힌 두견의
울음소리가 들렸다

모진 비바람과 만고풍상
어찌 이다지도
더디더디 흘러가
가슴은 재가 되고
서리 맞은 머리
천파만파의 소용돌이
용케도 견디어

세월을 잠재우고

우주를 재우려
쉼 없이 달려가고 있다
완전한 일체를 향해서

차가운 수많은
별들이
반짝인다
누굴 향한 노래인가
아직도 식지 않는
중생의 뜨거운 피
세세에 오고 갈
그대들의 반짝임
별들은 노래한다
오늘같이 좋은 날
법륜이 맞물려 굴러
굴러서 크나 큰
빛이 되리라고

왜

주렁이 매어달린 하늘의
잎사귀가 모두를 덮을 때
꽃들은 이야기한다
너는 무엇 때문에

오지항아리에
낙숫물이 고일 때
자갈은 이렇게 말한다
어차피 밑 빠진 독이라고

새들한 바람이 불어와
초목들이 흔들릴 때
대지는 이렇게 말한다
모두가 죽어 없어진다고

하늘에서 탑 아래로
옥구슬이 흐를 때
영겁의 세월은 이렇게 말한다
영겁은 늘 매한가지라고…….

우리들이 인생을 노래할 때

사랑도 욕망도 집착도
오욕 칠정이
모다 부질없는 것이라고

업의 끈

업의 끈은
끄나풀
끈이 없는 업은
있을 수 없다

왜?
이어져야만
하니까

정적은 죽음이며
동시에
새로운
희망

고요함 속
생명이 잉태되고
거센 파도에 밀려
세상 밖으로

각기 다른 씨앗들
그물같이 널려있는

끄나풀

이리저리 얽혀
빠져나가기도
엉켜서 죽기도
때론 선악의 경계를 흐리게도

그날

생이 시작된 날 행복했을까?
그렇게 피어난
그늘진 꽃
신음조차 내지 못하고
가슴에 새겨야 했던
그에게서 빼앗을 것이
또 있는가!
그렇게 시작된 점 하나가
점점 수많은 점 위에
꽃을 피웠다
아무리 피워도
늘 부족한 사바에 더
머물기를 원하는가
시작과 끝이 화려하지 않은
음지에 슬픔
생이 시작된 그날
결정되어진 운명을
생을 점찍는 그날
결정하면
꿈이 사바에 퍼져
중생에 밝은 희망이
꽃이 되지 않을까

가을에 보내는 편지

바삭바삭 부서지는 가을 노래
무어라 하지 않는데
저희끼리 부서지네

깊어가는 세월 참지 못해
푸른 옷 벗어놓고
붉은 피 토하는 그대들

어떤 원이 있어
어떤 관이 있어
어떤 염이 있어
가을 햇살 아래 반짝이는가!

애증에 갈증 참지 못해
스스로
죽
음
을 택하는 그대들

못다 한 그리움과
못다 핀 사랑과

못다 이룬 행복이

한이 되어 이리저리
세상 구경하며
소릴 내는가!

바람과 함께
무상에 시공 속에서
지 수 화 풍으로 화하여

어느 인연 만나
그 인연의 거룩한 걸음 되어
못다 이룬 세월의 한을 풀 것인가!

늘 보는 그대들에게

꽃그늘 파란 숲에
애잔한 그리움
황토빛 땅에서
설레는 마음

거기 그렇게
그 모습으로
신령한 모습
그대로 있어 주소서!

때로는 고향 같은 향수를
때로는 큰 나무 되어
세찬 바람에 흔들리는
어린 나무 지켜 주소서

늘 그 모습으로
우뚝 솟은 산이 있어
튼튼함을 함께하는
언제나 내 곁에 머물러 주소서!

본마음 뜬 마음

숲 사이로 훔쳐본
살짝 본 그 모습은
전부를 알 것 같은데

가까이서 자세히
관찰한 그 모습은
알 수가 없다

훔쳐본 모습은
너와 나의 같은 본마음
자세히 관하는 뜬마음

굴곡진 도로 위의
달리는 자동차
있는 그대로 그대로 향해

본에서
뜬마음 다시 본마음으로
가는 길

장애인

어린 시절
엄마에 대한 안타까움에
아버지를 원망했다
그런 마음들이
깊이깊이 감추어져
어른으로 자라지 않고
음지에서 정지된 채로
살아왔다
그래서 늘 이등을
좋아했다
결혼식에는
오래된 드레스를 입었고
예쁜 얼굴 화장을 지웠다
작은 고통을
큰 고통으로 삼았고
큰 즐거움을
작은 기쁨으로 삼았다
어느덧
백발 되어
초월의 경지로
살고자 희망한다

모두
장애인으로
산 덕분이다
정지된 그 마음으로

정답은

해 저문 탑 아래에서
하늘의 먹구름과 함께
삶의 굴레

지나간 많은 날
행복
괴로움
바쁜 나날
고통
기다림
희망
아픔
안타까움
그러면 지금은
부딪혀 있는
이 모든 것이
희망일 수도
가장 큰 절망일 수도

살면서

많은 분들의 삶과
마지막을 보았다
생을 정리하신 분과
그렇지 못한 분
당시에는
차이가 없었지만
후엔 큰 차이가 났다
두고두고 남는 부분
정리되지 않은 아쉬움

엄마의 술독

천왕사 깊은 곳
넓은 지하실
그 곳엔 각종 효소
쇠비름, 민들레

누굴 위해, 왜 만드는지
목적 없이 만든 세월의 산물
세월은 흘러
귀한 보물

유랑동으로 이사하는 동안
보물은 또 숨죽여야 했다
창고를 얻어 옮기고
집을 지어 다시 옮기고
그러나
먼저처럼 흡족하지 않은 자리
겨우겨우 밀어 넣는데
눈에 번쩍 띄는 물건
동동주

그해

엄마와 함께
컴컴한 지하실 오가며
힘들게 나른 고두밥

이 술은 먼 훗날 먹도록 해라

그래요 엄마

그렇게 세월은 흘러
술은 까맣게 잊고
엄마도 떠나시고 이사를 했다

세월을 헤아리니 십 년이 넘어
술병에서는 엄마의 따스함이 느껴져
먹지도 않았는데
속이 쏴아 올라오고
얼굴이 붉어지고
심장이 뛴다

엄마를 만나는 일이 얼마나 행복한지
언제까지 만날 수 있을까?

그리운 엄마
맛깔 나는 맑은 술

옥석

비 오고
바람 불고
천둥 번개 치기를
반세기나 했다

그 속에서도
아름다운 꽃은 피었고
향기로운 꽃향기가
진동하였다

진실이 통하여
울기도 하고
때 묻은 문짝에 기대어
옛사람들을 생각하기도 했다

그런데 세월 또한
가만히 머무르지 않아
피폐하고
초라한 모습으로
변하였고

쇠락한 가문의 존망이
눈앞에 위태롭게 서 있어
끝을 보는 듯했다

그런데 끝이 끝이 아니었다
그것이 곧 시작이었다
세월의 흔적 땅속 깊이

묻혀있는 옥석이었던 것을
늘 갖고 있으면서
몰랐던 이것들

쇠락하였기에 더욱
큰 빛을 발하고 있질 않는가
오랜 세월 견딘 끝에

주인 없는 보석이
비로소 주인을 만나
예쁘게 치장해 주기를
기다리고 있는 것이다

그런 거야

가난에 찌들어
한 대를 지나
다음 세대를 이은 우리
마음에 빚과 경제에 빚을
이어 받았다

한올 한올 세월을 센 것이
아닌 실타래를 풀기
시작했다

끊어질 듯하면 다시 잇고
빚만 느는 것이 마음 아파
도량에 터를 늘렸다

누덕누덕 헤어지고
찢겨진 커다란 헝겊을
대지삼아

실타래 푼 그 실로
한땀 한땀 꿰매었다
세월을 이었다

아무 것도 없는 헝겊 위에
나무와 꽃을 심었다
장항아리를 늘렸다

독에 된장 간장을
채워 넣었다
황량한 그곳에

청개구리가
두꺼비가
새들이 왔다

향기로운 꽃이 피어
벌과 나비 모두들
행복해 했다

사랑이라는 것

아끼는 것
서로 공유하고
부족한 것
채워주고

아픔은 치유하고
슬픔은 나누고
절망에서
구해주고

이 모든 것들은
사랑의 묘약이 있어
베풀고 이해하며
나누는 것이다

방치한 상처는
약도 없고
그 무엇도 처방이 없다

설사한 팥빙수

지인과
커피와
팥빙수

사각사각
시원한
구름 얼음

입맛이 싹
가시는
설사한 팥

그런데도 주인은
열심히 설명을 한다
다섯 시간 고아서 만든

옛날 맛 팥빙수라고
그 위에 초파리가
날고 있었다

사랑

짝사랑을
사랑이라
말할 수 있을까

내 안에서
좋아하고
밖으로 내모는

그런
풋사랑
두고두고

아쉬운
사랑이여
부족한 연민이여!

제3부

천왕사의 사계

천왕사 충렬탑

   1
처마 끝 낙숫물
쏟아지는 옥구슬
마당과 뜰을
적셔주건마는

내 마음은
무거운 돌 얹은 듯한데
세상사는 초연한 듯
하면서도 모두
내게로 향하는구나

   2
바닥을 기는 띠풀
뜰에 심었더니
여름 가고 가을 오니
넓게도 퍼졌구나

여름 갈 없이 피어주는
보라꽃이 어여쁘디 어여뻐
너를 향한 마음

아침저녁으로 살펴 본다

보고픈 이 생각으로
뿌연 하늘 쳐다본다
그곳엔 없는 이가 없어
한없이 바라보다

문득 흐르는 물 되어
땅 위에 떨어지니
자취 없는 그대들은
어디에로 갔을 거나

물 되어 바람 되어
회오리 태풍 되어
가다가다 지치면
주저앉을 곳이 또 어디인가

  3
인연이라 말할까
업이라 말할까
인연도 업도 아니라면

달리 무엇이라 말할까

천왕사 영탑에서
6·25 참전 천안지역
학도병을
생각하고 기리다

생사

죽어보면 안다
인생이 얼마나 하잘 것 없는 것인지
처음엔 자신의 모습을 불쌍하다고 느꼈다
하얀 침대 위에
창백하게 누워있는 자신을 보고
쯧쯧 가련한 것
아직 죽을 때가 안 되었다고 했다

그 다음엔 편안한 즐거움이
그리고 지나간 인생이
파노라마처럼 돌아간다
지워진 것인가 각인된 것인가
그 과정을 거치는 동안
일상의 편안함을 찾을 수 있었다

포기한 순간의 편안함

그러나 결코 포기할 수 없는
가족이 있었기에
다시
생존의 고통과 번뇌를
짊어지었다

천왕의 향연

  1
천왕에 머물렀던 영혼
반세기가 지나
간 곳 없이 사라져
이제는 끝인가 싶더니만
육십갑자 되돌아오듯
참새 떼 지저귀고
물오른 나무
초연히 침묵하고
때 오길 기다려
살랑이는 바람을
살며시 비켜주네!

  2
영탑 위에 자리잡은
푸른 하늘은
예나 지금이나 다름없고
탑을 싸고도는 담쟁이
거센 줄기 죽었다 살아나고
살았다 죽기를
수없이 거듭하니

영겁의 세월
탑인들 어찌하랴!

   3
쓰리고 아픈 상처
하나 가득 안고
묵묵히 세월 가
때 오기를 기다려
말 없는 가운데
말이 있고
금 가고 녹슨 그 자리에
붉은 피 고여

   4
거세고 질긴 인연의 줄기를
천왕 신장님이
일도양단으로
내리치니 업의 끈
끊겨지고 영원히 천도되어
비로소 높은 곳 올라
천왕을 내려다보니

푸르른 하늘
광명한 빛 내려와
뜰에서 맞이하니
뒤뜰 동산 꽃 몽우리
저를 맞으라 손짓하고
모든 신들 축복하고
받드느니 환희로운
춤을 추네!

꿈

1

언제나 그리운 마음속에는
공허함이 함께 자라고
잡을 수 없는 그림자와 같이
보일 듯 잡힐 듯하나
종착이 없다

꿈이런가
이런 꿈이라면
끝도 없이 꾸고 싶은데

삶에 한가운데 서서
뒤돌아보니 지나온 세월이
또 앞을 헤아려 보니
아무 것도 아닌데

2

지나고 나면
꿈을 꾸다 깬 듯

옳고 그른 것에 매여

더 이상 세월을
허비하지 말자

지금까지의 삶이
고통이었다면 반전하여
다가올 미래엔
희망의 꿈을 꿀 수 있도록
혼신의 힘을 기울여
긴 숨 들이 마시고
다시 한번 긴 꿈을 꾸자

마음의 화두

가슴 속 깊이
황폐한 땅
비루한 나무
한 그루 심어

날마다 물주고
가꾸어
튼튼히 뿌리 내려
건실한 나무 되었네

그 나무 바람도 거르고
물주지 않아도
세상의 쓰고 단맛
모두 흡수하여

순행에 적응하니
신들이 감동하여
고목에 열매 맺어
만 중생이 감동하다

맥이 끊어질까

불전에 기도 발원하니
선지식 걸식을 보내어
큰 희망의 빛이
천왕에 비추는도다

선지식 길 떠나다

1
산에는 산
굽어진 협곡들과
돌고 도는 물줄기
우주는 여전히
시간과 공간을 같이 하고
만고풍상 갖은 시련 속에서
한 떨기 연꽃이
피었도다

육신과 정신을
가지런히 하여
온갖 조화를
부렸으며

흙탕물 속에 연은
꽃을 피우려
더디 더디
세월을 견디어 왔다

이제 활짝 핀 개안을

가진 꽃은
온 세상 빛이 되고자
길을 나선다

   2
살아서는 신장이요
돌아가서는
회향하는 보시를
가르치고는

크나큰
빛이
되고자
우리 곁을 떠났네

이사

행복이 이런 거야
느낀 지 얼마 되지 않은
어느 날

서운함이 들기 시작했다
나무와 꽃을 어루만지고
도닥이며 눈물로써 고하였다

땅을 포기하면서
모두를
포기하여야 했다

여기저기서
쑤근쑤근
서운하고 아쉽다고

그대들은 누구인가
정말 누구신가
그런 거야
그래 그런 거야

없는 거야

희망이라고 생각했던
터전이 없어지니
사유했던 문학의 감성도
없어졌다

귀하고 살뜰히
가꾼 나에 뜰이
붉은 황토흙으로
변하였다

은행나무 꼭대기에
큰 별장
그 아래 식구 많은
커다란 까치의 보금자리

그들은 어디로 갔을까?
꼬박꼬박 월삭 내면서
아니면 어딘가에서
더부살이하고 있을까

별장에 귀한 물건

또 다른 곳에 옮겨놓고
분주히 이곳저곳 살피면서
내년을 기약할까

가는 거야

나의 뜰 벌레 없는 은행나무
겨울에 따로 저장하지 않아도
나무 위의 풍성한
자연 냉동 홍시감

모두들 어디로 갔을까
아무도 없는 빈 하늘 아래
시뻘건 황토 흙만이
물결치듯 흔들리며

옛 주인을 잊은 채로
그래서 그런 거야
없는 거야
그래서 모두들 간거야

새 인연을 만나서
새 꿈을 꾸고
새 터전 새 보금자리를
만들기 위해서

희망

희로애락
성주괴공

무한 리필은
없다

때가 다 하면
모든 것은

다시
시작된다

유량 왕자산 천왕사

하늘이 맑아
개울이 시원하고
까치 개구리 두꺼비
모두 이사

흙과 흙 속에 터줏대감
없던 제비 식구
더 많아
동서남북

산으로 병풍치고
행복한 햇볕 가진
남쪽 땅과
동서로 흐르는 물

이곳이 유량
천왕사
해인의 뜰

불사

절집에서 반 백 년
부족한 나는
불도를 닦는다

육십갑자 지나
법당 짓는 일
커다란 숙제 안고

한 발 또 한 발
땅 사고 땅 붙이고
다리 놓고

뜰 놓고
뼈대 세우고
왜 이리 기쁜지

보답할 일
부디
깨우쳐 주옵소서!

누굴 위해서

왜
무엇을

거꾸로 신발

거꾸로 가는 시간
거꾸로 쓰는 일기장

과거로
되돌아가는 세상

얼마나 편안한가
주변을 되돌아 볼 수 있으니

다만 신발만 거꾸로
신지 않으면 된다

경로석

나이 들면
다 내어준다
창문에 비친 내 모습
비록 머리는 백설이지만
건강하게 웃고 있다
그래 잘 살았다

메리 크리스마스

늘 바라보는 눈과 눈이 마주 쳐
반짝반짝 빛이 난다
섞어 놓아도 섞이지 않는
각기 다른 영롱함
강함은 부드러움으로 강해 보이고
은은함은 미완성의 빠져듦
그들을 향한 정열
마음 가득 보배 창고에서
하나둘 쌓아 나누는
가치 있는 보석
안녕 진주
안녕 루비
안녕 에메랄드
안녕 다이아몬드
안녕 오팔
보배를 사랑하는 엄마
메리 크리스마스
2005.12.24. 크리스마스이브 날

체념 안에 숨은 꿈

한 번
두 번
반복된 사고

아무 것도
생각나지 않는
생사의 체념에서

두려움을 모르는
생명의 아픔이 무언지
규칙이 무엇인지

그대들이 영원히
모르도록

새로운 나를
또 다른 생명을
탄생시키리라

날마다

어제는 함박눈이
펑펑 쏟아지더니
오늘은 푸른 하늘에
빈 허공을 만나서
적절한 바람 불어와
그대들을 생각케 하고

보이지 않는 그대들에게서
소식 전하여 오고
안부 전하고

삶의 굴레

지나간 많은 날
행복
괴로움
바쁜 나날
고통
기다림
희망
아픔
안타까움
그러면 지금은
부딪혀 있는
이 모든 것이
희망일 수도
가장 큰 절망일 수도

빛과 그림자

강함이 지나쳐
쇠가
되셨나요

그래서 일생을
두고두고
땡강 쨍쨍
요란하게 울리며

깨어지면 버리고
녹슬면 버리고
그리 하셨나요

깨어진 파편 속에서
용케도 견디어낸
작은 쇠는

빛을 보고파도
두려워 보지 못하고

그늘에서 시들하게
보내지만
강한 쇠는

세월이 흘러 녹이 슬어도
늘 앞장서서
빛을 가립니다 그려

부딪혀 일그러진 만상으로
윤회의 골짜기에서
아직도 집착하는 강함으로

언제까지
쨍그랑 무거움을
버리지 못할까요

이제는 맑은 종으로
바꾸고 싶지는
않으신가요

열반의 꽃

척박한 땅 위에
무수한 중생
서로에 인연 맺어

흙 위에 돌을 얹고
돌 위에 물을
물 위에 생명 얹어

그에 가느다란 실핏줄
음과 양이 열리고
천지가 열리어

옴 마 니 반 메 훔
열반의 꽃술에
한 마리 벌이 날아온다

해탈의 꽃

인연의 줄기에
무수한 중생이
길을 간다

터질 듯한 붉음으로
격랑의 파도가
몰아치고

나무아미타불
진여에 드니
옴 마 니 반 메 옴

해탈의 꽃술에
한 마리 나비가
날아든다

상실의 슬픔

늘 행복하던
그 어느 날
웃음이 반으로
줄었다

맛있게 먹던
그 식탁에
반찬의 가짓수가
점점 줄고 있다

옷장 가득한 옷들이
바라만 보고
늘 입던
옷만 입는다

화장대에 화장품들이
고이고이 먼지만 쌓이고
그냥 그렇게 제자리에
머물러 있다

혹시나 잊을까

두려워 옮기지 못한 채
쓰지도 갖지도 않고
그렇게

보면 생각나고 안 보면 잊을까
가방 열고 핸드폰 있나 확인하고
냉장고 이방 저 방
분주하게 왔다 갔다

이말 저말 말 많아지고
돌이킬 수 없는 시간들을
축내고 있다

죽은 자 잊지 못하고
산 자를 잃을까
확인 또 확인하면서
그렇게 재고 있다 상실의 시간을

궤도 변경

사찰이라는 작은 집에
부처님 모시어
불국토 이루고
싶었다

작은 꿈 점점 키워
욕심이 앞서서 큰 꿈
맴맴 돌고 돌아
큰 꿈 멀어진다

강남 갔던 제비 돌아와
흥부 복 터지고
시샘한
놀부 망하고

정직한 흥부
전세 사기당하고
흥청망청 돈 쓰고
사람들 환심 산 놀부

벼락부자 되고

흥부 변호사 살 돈 없어
집 날리고
쪽박 찬 현실은 무엇일까?

보물찾기 1

첩첩이 싸인 먼지
나이 들수록
정리하며 살아야 한다는
말에 물건을 치운다
아까워
버리지 못한 물건

새록새록 세월이
숨 쉰다
수첩 노트 종이쪽지

잃어버릴까 숨겨 놓은
이곳저곳에서 하나둘
튀어 나온다
아! 짧은 탄성

보물찾기를 한다
이것들이 나에
삶이었다니
행복에 흔적이었다니

보물찾기 2

예순이 넘어서야
가쁜 숨 내쉬어 본다
보물찾기를 하다니

나의 보금자리
정원의 나무들
숨 쉬는 장독대 항아리들

자연의 햇살과 바람 공기
듬뿍 마셔 맛 좋은 장
되어다오

나무야 나무야
까치집에
먹을 양식

자연 홍시
냉동감
잘 매어 달려 있지?

나도 수십 년 간 간직한

그 무엇들을
보물찾기하여

뜻대로 될 터이니
너희도
겨운 마음

뜻대로 되거라
오래 오래 묵었으니
한 방에 이루거라

사회적인 책임

천왕사 옆집 경로당
주인이 세 번이나
바뀌었다

천왕사에서
천안 시민의 도서관으로
다시 경로당으로

해마다 초파일이면
어르신들 초대하여
조촐히 비빔밥 한 그릇

그렇듯
백중 시월상달 정월
나누는 정이 얼마나
좋았던지

그러는 사이 아주 친근한
이웃을 넘어 한 식구 되어
어머니 아버지가 되었다

공사

1
어지러이
널려있는 현장
전기 검침이
힘들었는지
물건 치우세요

공사가
구분 안 되는
이 집

2
통 큰 검침원과
시원한 집주인

대문에 번호키
단다

검침원 비밀 번호
가르쳐 주세요

그 후 집주인 대문을
헐어 버렸다

미로

1

높은 하늘
두둥실 흰 구름 떠 있고
새들하게 목 쉰 듯한 매미
서늘한 바람 속에
싸한 울음 울고 있네

이제 막 물들기 시작한
단풍 이곳저곳에서
살랑이고 뚜덕하고 떨어지는
빈 밤송이
애처로움 더하고
아기 개구리 퐁당
어미 개구리 풍덩
연못 위에 한가로이
붉은 고추잠자리
날고 있네

2

가을 도로 수 많은 군상
서로 얼굴 마주 대하고

오늘 내일 끝없이
펼쳐지는 흐름
같이 가는 동행이건만
만남의 인연이 없다
끔찍한 인연
다 알 것 같은 착각
그러나 알 바가 없다

3
찰찰 넘실대는
강물에 평등과 평화가
그대로 비추어 짐이 있듯
고요한 삼라만상에
가을 단풍 곱게 물들 듯
이치에 맞는 편안함 갖도록…

인연

바람이 나를
하늘이 나를
나무가
자연의 섭리는
우리에게
춥고 어두운
아무 것도 없는 존재
죽음만 기다릴 뿐

낙엽을 한 움큼 들어
허공에 던져본다
어디론가 향해 날아가
가르쳐 주지 않아도
살아갈 길
머무름
죽음의 길
찾아 들어
그것이
인연이자
숙명처럼

원위치

졸면 소리치고
껌 씹고 커피 먹고
창문 열어 바람 쐬고

차바퀴 열심히 돌고
날마다
해 뜨면 나가고
해 지면 돌아온다

새벽시장에 간 것만큼이나
살아있음에
잔잔한 감동이 밀려온다

사람 만나고 차 한 잔 마시며
나누는 이야기
간소한 만남이지만
진한 정 느낀다

내일을 볼 수 있는
진리이기도 하다

맛있는 밥이 아니어도
훈훈하고 따뜻하며
차디찬 구들이라 할지라도
행복하다

삼생이 이승과 저승에만
있는 것이 아니라
지금 바로 앞에 있다

물 한 모금 속에서
삼라만상이 있다

억겁의 세월 속에
겨자씨보다 아주 작은 이곳에
소망이 있다니
놀라운 발견이다

태양계를 돌고 있는
천체를 발견하듯
신선한 신심이다

겨자씨보다
더
작은
이 인연들은

바람 불면
몇 억 만 광년 속에서
별처럼
반짝이리라

사람들 마음속에
나의 마음속에

회귀

긴 어둠의 터널
캄캄한 그 곳에
한 발 한 발 걸어왔다

문턱이 닳도록
발길이 닿았던
내 집 문이
굳게 닫히었다

올 사람이 없기에
차라리 문 닫고
눈감고
입을 엄히 지키고
옛사람들이 말하는
모진 시집살이를 하기로

귀머거리 삼 년
눈 봉사 삼 년
벙어리 삼 년
합이 9년이요
준비기간 3년을 더하니 12년이 되었다.

세상으로 나아가야지
누구는 도둑이라 했고
누구는 억울하면
고발하라 했다

누명을 벗으라 벗고자 해도
내가 도둑이라 해도
웃을 일을
아직은 실패하지 않았으므로
그런 속된 욕심을 빙자해

나를 세우기는 싫다
그대로 인정하고
세상이 아닌
나 자신에게 속죄하고
모두를 편안케 하리라

대장군은 괜히 대장군이 아닌 고로
역사가 살펴줄 것이다

일로왕이 괜히
일로왕이 아닌 고로

종도들이 잡아줄 것이다

부처님 명호를 부르고
간절함으로
염하며
그 안에서
세월 쌓기를 얼마나 했는데
어찌 그를 헛되이 하겠는가

내가 힘이 부족할 때에는
앞서가신 조사 스님들께서
세워주시고
뒤에 오는 스님들께서
밀어주실 것이다

파도가 밀려왔다 가듯
내일의 큰 꿈을
종도들의 마음속에 씨를 심어
각각의 품에서
패기가
자라날 것이다

보살님

활짝 핀 얼굴에 구슬땀 흘리며
머리엔 보자기에 싼
쌀 이고 오셨네
그 세월 참으로 고왔는데
10년 세월 몇 번 구르니
명도 이어지고 자손들 장성하였고
가세도 늘어
모두들 부러워했건만
고운 얼굴 주름지고
일 많이 하여 거칠어진 손
머리엔 백설이 내려
눈, 귀는 많이 보고 듣고 하여
어느덧 도인이 되셨네요
이제 헤어질 시간이 다가왔는가?
혼자 뉘 볼세라 마음으로 울며
주던 정 거두우시는 그 마음
어찌 모르오리까?
하해와 같으신 그 넓은 마음씀
길이길이 간직하오리다.
약하고 도통하지 못한 이 보살에게
힘 되라고

보살님이라 하시며
물어봐 주시는 그 자비를
무엇으로 갚으오리까
보살님 가고 오는 세월
두고두고 새기오니
세세생생 자비하신
관음보살 되소서
어느 곳에 가시더라도
지금처럼 중생의 마음 어루만져주시는
천의 눈 천의 손 되시어
살펴주시며
만 가지 신통으로
자비하신 어머니 되어
높은 지위에 올라 계시옵소서
보살님!

제4부

보이지 않는 흔적들

그대

아름다움에 취해 있을
눈처럼 새하얀
어여쁜 어린 양

그대가 화가 나서
소리 높여 외칠 때
그대는 염라대왕

기뻐서 환희
맑고 고운 한 송이
연약한 꽃

절망하며 긴 한숨을
길 잃은
한 마리 사슴

방울방울 투명한 물기로
온몸을 적실 때
한 송이 연꽃

온통 그대 맘속 들어있는

희고 깨끗함
검게 그을린 앙금

비추어지는 인생의 여정
커다란 쓸쓸함과 공허
옛날 옛적

꿈꾸어온
어머니와 아버지의 모습
진한 정 나눈 삶

그대 아름다운 꿈과
포부를 이곳저곳에
맑은 소금기

뿌려 준다면 행복의
꿈이
결단코 늦지 않으리

늘 보는 그대들에게

꽃그늘 파란 숲에
애잔한 그리움
황톳빛 땅에서
설레는 마음

거기 그렇게
그 모습으로
신령한 모습
그대로 있어 주소서!

때로는 고향 같은 향수를
때로는 큰 나무 되어
세찬 바람에 흔들리는
어린나무 지켜 주소서

늘 그 모습으로
우뚝 솟은 산이 있어
튼튼함을 함께하는
언제나 내 곁에 머물러 주소서!

오늘에 있어서

저 깊은 곳
깊이를 가늠할 수 없음에
얇디얇은 것
가늠할 수 없음에

보배롭고 영화로운 것
그 무엇으로도 채워지지 않고
실상 따라 움직이는 인연
어느 한 곳에 정좌할 수 없음이여

오늘에 있어서
존재하는 한
허상 속 작은 심지
한 점의 희망

티끌 같은 존재 없는 심지
곳곳에서 싹을 틔워
희망 없는 그곳을
희망에 싹이 차지할 것이다

예찬과 무심

1
물이 운다
늘 같은 모양새로
마음이 기뻐
칭찬하고
좋아하지만
닮아감도
별개의 세계관

2
하늘을 본다
그 하늘
늘 같지만
늘 달리하며
늘 변화한다
그 또한
순응의 세계관

3
하늘이 갖가지 묘술로
지구를 먹여 살리고

한쪽에선 벌주고
물은 순응의 원리로
그저 흘러갈 뿐
작으면 졸졸
그보다 크면
꽐꽐
더 크게 화가 나면
천지를 가르는
울음소릴 낸다
웅웅 부아앙

사과와 훈계

에미야
고맙고
미안하다

그런데
나도
잘못했지만

너도
그러는 것
아니다

병실

바람결에
잠이 들어 버린
드러나지 않는
너를 지켜보며
이마며 코며 입이며
어느 곳에 숨어있나를
헤아리며 서 있지만
그 어느 곳에도 없어
깊은 잠 속에 숨어버린
백설 공주처럼
정적의 아름다움만이
나를 사로잡는다
멀지 않은 날
공주에게 반할
백마 탄 왕자님을 상상하며
(딸아이 병실을 지키며)

교통사고

바닥을 긁는
굉음
주파수가 아주 낮게 가라앉는다
평온한 안식
영혼은 하늘 높이 떠 있었다
내 영혼은 한 순간

모든 생명의 비밀이 깨우쳐지는
착각
죽지도 살지도 않는
가사의 상태에서
번개가 번쩍하는 그 순간
수 억 광년을 지나
보이지도
느끼지도
듣지도 못하는
그곳
모든 것이 있었다

살아갈 이유

신선이
허락한
열매

네가
태어
났지

힘든 과정
그럴 때마다
수호신은

너를 도와
마구니를
깨쳤다

세상에 길은
많고 많아
선택 길 어려웠을

도를 깨친 노인이

너를 이끌리
나무를 심는다
천을 얻고 만을 얻고

산통

1
만 가지
고통은
새로운
탄생

따뜻한 편안함과
달리
차가운
세상 밖

특별한 의미
보호와 채찍
과정의 사유 사색
목표를 향해

뚜벅뚜벅
걷다 보면
경쾌한 울음소리
보이지 않던 세상이 보여!

2
언덕 위에
위세 높은
전각

퇴색 짙은
고풍의
보물

밀려오는
운명
거절치 못해

천둥번개
몰아치는
긴 장마

절망에 도전
그렇게 쭉
절망의 끝자락

새벽하늘 시원하고
현란히 피어난
웃음꽃
내게로 내게로

처음 가는 길

한 번도
같음 없는
구름

형상
사색
꿈

문득
자고 나면 아침
잠들면 밤

구름인 듯
꿈인 듯
내밀한 법칙

인연과 연기로
인생의 문을
여닫는다

복잡한 셈법

봉사활동 동참
그것만으로도
행복해

누군 안내하고
누군 쓰고
자기 분야의

최고를 선물하고
사진도 찍고
함께 한 동지애

약속이 있다며
무언가 있다며
마지막이 빠졌다

수고 많으셨어요
많이 드세요
안녕히 가세요

기술이 없으면

돈이라도
써야지

이것이 바로
마음의 봉사라는 걸
또 알았다

(병천에서 다문화 의료봉사 후)

관정리

연기가 모락모락
하얀 소복 입은 여인
부지깽이로
불을 뒤적이고
어린 자녀
들떠서 좋아라 한다
아버지와 함께 온
그 사람
소리 없이
불 때는 그 여인과
그의 자녀 가슴에
대못을 박은
그는
누구인가!
왜 한 가정을
모진 풍파 속으로
끌어 들였는가!
그는 왜 관정리로 왔는가?

눈물

꿈을 꾸다
아득히
설명할 수 없는

심장이
멈춘 것 같은
고요

내가 너무
늦게
왔지?

혼자 있는 것을
좋아하는 엄마가
말없이
앉아
있었다

얼굴

점 하나 없는
하얀 피부
점 하나만
소원

미용실에서
고데기로 눈을
데었다

우산으로
눈가를
찔렸다

또 칼끝이
스쳐
예리한 상처가

세월이 흘러
백발이
그렇게 사는 동안
원망하지 않았다

사과하지 않는 그들에게
차라리 말없이
지나갔다

성형도 하는데
피하기 힘든
세상의 질투

거울 보는
얼굴에
미소가 머문다

시낭송

마주 보고 낭송하라
그리했더니
자꾸 웃음이 나와
알 것도 같고 모를 것도 같아
크게 크게 웃습니다

헌 옷

늦둥이 태어난 지
이십 년 후
귀여운 손자

늦둥이 외삼촌
입던 옷
네게 줄게

이 할머니는
네게
반짝반짝 빛나는
금나무 심어줄게

너와 나

모두가
한마음

간단치 않은
마음 모으기

그렇게
한 편의 드라마

교만과 위선
기만과 방관

모르는 척 바보
아는 바보

이 모든 것을
다 알고 행하면

삼계*도사
도인이다

*삼계(三界) : 색계(色界), 욕계(欲界), 무색계(無色界).

자식 1

평소처럼
나 때문에는
밥하지 마라

내가 알아서
차려
먹을게

가신 다음
꿈에서
나 때문에

따로 밥하지 마라
그 밥이 얼마나 중하길래

그 자식이
힘들어
하였길래

늘상 그 말을
입에 달고
사셨을까

자식 2

두렵고 무서워
떨고 있을

딸에게
전화로

따뜻한 말
전하여

안심하라고
편히 있으라고

그러면서
시계를 본다

물장구치고 놀기
비좁아서

가족 모두가 있는
세상으로 태어나는 날

우렁찬
응아응아
소리를

두 손 모아
기다리고 있다

뱀

어제까지 친근했던 미물
오늘은 무서웠다
뱀이 너무 컸으므로

왜 출현하였는지
긴 꼬리로 어디로 갈지
헤매는 모습

너 해치지 않을게
갈 길 가라 했지만
가지 못해
긴 지팡이로 떠서 보내주었다

뱀아!
다시는 사람 눈에 띄지 말고
도순이 눈에 띄지 말라고 당부한다

야옹 야옹 옹옹옹
도순이 대화하면서 따라온다
어디 갔다 왔어?
무서웠단 말야 야옹

뱀이 나타났어 야옹
그러나 네가 없어서 다행이야 야옹

도순이 네가 있었으면 피나는 싸움했을 거야
참으로 다행이야
야옹 옹옹옹

도순이와 대화가 끝이 났다

이별의 서곡

배고파 죽을 것 같아
온몸에 힘이 없어
손가락 하나 움직이기도 힘들어
자신이 없어

자상하신 어머니

세 분이나 가셨다
위로와 격려
아낌없이 보내셨던
그 넓은 품이 있었기에
세상은
그렇게 이어지나 보다

부도탑

이사하느라 석 삼 년
제자리 찾지 못하고
석재 상에 맡겨진 부도탑

그 탑주인
얼마나
고생이 많으실까

마음 졸이며
때를 기다렸지만
탑 모실 때는

오질 않아
꿈속에서
자주 나타나셔서

물소리 나는 개울
평소 좋아하시던
배롱나무 아래
모시겠노라
고하고

준비를 한다

살아 백 년
죽어 백 년
찰나지만

그래도 부도탑
그 흔적

고스란히
탑 안과 밖에
있소이다

엉뚱한 과학자

보문동 한옥촌 마을
두 아이 엄마 여름철 천둥 번개
전화통 불통
호기심 발동
전화기 분해하여 맞추더니 개통

며칠 지나 또 도대체
할 수 없이 전화국 행
아이고 아줌마 고장이 났으면
냉큼 가지고 오시지
실컷 혼나고 바꾼 새 전화기

세월이 흘러 아이들에게 이야기했더니
엄마
엄마는 연구직이나 과학자가 되어야 했어

유언

나는
자식들
돈
안 쓰게
할
거
야

동지팥죽

새벽 내내 얼었던 몸
장작불에 녹이고 있다
아이 가려워 입이 얼어
젖통이가 좆통으로
뭐라 젖통이 어쩌고 좆통이 어쩌고
아이고 아무려면 어때
젖통 좆통 끌탕 변덕탕 다 좋다
따뜻한 불가에 앉아
팥죽 한 그릇 씩 먹는다
한 해를 마무리하고
가족들 생각에
한 봉지 씩 싸 들고 가는
그들의 얼굴에 환한 미소가 번진다
잔잔한 호숫가의 파문처럼

재앙의 대한민국

말도 많고 탈도 많은 용산
미군 부대 주둔했던 곳
세월 흘러 용산청사 대한민국 컨트롤 타워
세월호 핼로윈 무안 비행기사고
청춘이 갔구나
물 위에 길 위에 그렇게 가는구나
바다에서 울고
땅에서 울고
하늘도 울고
무섭다 아리하다
불길한 느낌

이전의 세상

이전의 세상은 행복했는가
그렇다와 그렇지 못하다
그리고 모르겠다
처음 답은 지금보다 조금 나았다와
지금과는 별로 변한 게 없다와
기억하고 싶지 않다이다
별로였으니까

지금은 어떠한가
대답은 늘 정해져 있다
때문에 경계하고
또 경계하고 살펴야 한다
나의 몸
나의 마음
나를 둘러 싼 그 모든
현상들을

행복한 하루

아무도 없는 텅 빈 공간
홀로 아래층 위층 분주하다
방해받지 않는 이 편안함
뜰을 걸으며 사색
들어와 마시는 차 한 잔
점심으로는 고구마와 배추김치
격식 없는 안락함

어쩌다 느끼는 이 여유
늘 같은 삶이라면
외롭겠지만
지금은 행복 그 자체
한가로운 하루
흡사 꽉 채워진 그림에서
다 빼고 나니
홀로 남아 있는
나!

| 추천사 |

백발 소녀의 꿈

최 태 호
(문학박사 · 중부대학교 명예교수)

■ 순수와 메타포가 공존하는 삶의 세계

해인 신연숙 시인의 시에는 순수함이 압권이다. 다른 시인들의 시에 비해 꾸밈이 없고 소박하면서, 그 속에서 시적 은유와 상징을 잘 버무려 놓았다. 흔히 '시는 압축된 언어로 리듬있게 표현하는 것'이라고 정의한다. 그녀는 삶의 이야기를 꾸미려고 하지 않았다. 있는 그대로 세상을 바라보면서 그것을 메타포어로 녹여 리듬을 부여하였다. 오랜 시간 노력하여 이룬 결과지만 흔적을 찾기 어렵다. 흔적을 보이지 않게 엮어서 시어 속에 실어 올렸다. 해인의 시에는 작은 울림이 있다. 그러나 이 작은 울림이 큰 감동을 안고 온다. 흔히 알고 있는 이야기들도 해인의 붓을 거치면 짜릿한 감동으로 변화한다. 글은 그렇게 쓰는 것이다. 그녀는 천생 글쟁이였다. 누구의 눈치도 보지 않고 자신의 이야기를 솔직하게 그릴 수 있는 배짱과 진심이 어울려 있다. 순수함의 결정체라고 할 수 있을 정도로 맑고 다듬지 않은 보석 같은 문장을 만들어 냈다.

>비 오는 이른 아침
>나뭇잎 또한
>비 되어 쏟아진다
>
>붉음은 뜨락을 지나
>핏속까지 뻗어
>누군가를 기다리는
>
>친구보다는 정열을 가진
>애인이었으면
>좋겠다
>
>향긋한 커피 눈 속 깊이
>잠겨 있는 마음을
>깨우고 싶다
>
>거짓이라도 좋다
>이 가을 나만을 사랑하는
>그대가 있어
>
>뜨거움에
>울렁이는
>가슴이고프다
>　　　　　　　－「붉은 단풍」 전문

이러한 시어는 해인만의 독특한 맛을 자아내고 있다. '단풍이 뜨락을 지나 피 속까지 이르고 누군가를 기다리는, 사랑하는 연인을 그리며 기다리는 뜨거운 열정'이 그녀의 가슴에 흐르고 있다. 단풍(丹楓)이라면 대부분이 노란 은행잎을 생각하기 마련인데, 해인은 붉은 열정을 만들어 내고 있다. 가을을 제대로 느낄 줄 아는 순수함이 독자의 가슴을 열게 한다. 단풍의 '붉을 단(丹)' 자의 의미를 정확하게 파악하고, 시어로 승화시켰다.

늘 향상
같은 생각으로
꿈을 이야기한다
그의 꿈이 나의
염원이기에
나의 희망이
그의 이상이기에
그와 나는 반쪽짜리
그래서 하나이기를
－「하나 된 반반」 전문

꿈은 꿈으로 끝나지 않고, 이상을 지나 또 다른 하나를 만나 현실로 실현된다. 이상은 이루어지는 것이고, 꿈은 이상을 만드는 기초가 된다. 같은 꿈을 꾸고 같은 방향으로 간다는 것은 축복이 아닐 수 없다. 굳이 말을 이리저리 돌리기보다는 때로는 직설적인 표현이 감동을 동반

한다. 위의 시는 이러한 모습을 제대로 보여주고 있다. 감히 쉽게 할 수 없는 이야기를 그냥 숨을 쉬듯이 써내려가고 있다. 마치 이태백이 일필휘지로 단번에 시를 지어내듯이, 해인 또한 쉼표도 없이 생각의 틀을 벗어 버리고 있는 것이다. 이러한 표현을 저렇게 쉽게 풀어내는 필력이 부럽다.

    시가 좋아
    글이 좋아
    글쟁이로 살고프던
    세월은 무뎌지고
    나는 마당 쓰는
    빗자루를 잡고
    시를 쓰고 있다

    노랑 시
    붉은 시
    반 쯤 물든
    이파리들

    써 억 써 억

    글쟁이 마당 쓰는
    손이 바쁘다
                  -「단풍」

여운을 살리는 맛을 더한 작품이다. 시인이 되고 싶었으나 고달프게 인생길을 달려오느라 빗자루에 실어 보내는 마음이 살갑게 다가온다. 얼마나 글을 쓰고 싶었을까 생각해 보면 가슴을 저미게 된다. 이파리 하나하나가 모두 시어가 되어 살아나고 있다. 이것이 해인의 순수함이다. 마당을 쓰는 시인의 머리에는 낙엽이 모두 시어가 되고, 빗자루가 붓이 되며, 마당이 종이가 되었다. 자연이 모두 그녀의 화선지요, 우주였다. 시는 그렇게 쓰여지고, 또 그려지고 있다.

■ 부처님의 세계는 어디에나 있는 것

해인의 시에는 부처의 세계가 살아 있다. 인간적인 고충과 고뇌를 시를 통해 이미 피안에 이르고 있다. 삶은 모두가 같은 것 같아 보이지만 해인에게 삶이라는 것은 부처님과 함께하는 화엄의 세계에 노닮이었다. 물론 여러 작품을 통해 인간적인 고뇌를 묘사한 것도 있지만 불자로서의 기본적인 성품은 그녀의 시 여러 곳이 나타난다.

천왕을 내려보니
푸르른 하늘
광명한 빛 내려와
뜰에서 맞이하니
뒤뜰 동산 꽃 몽우리

저를 맞으라 손짓하고
모든 신들 축복하고
받드느니 환희로운
춤을 추네!
　　　　　　－「천왕의 향연」 중에서 발췌

　천왕사에 머물렀던 영혼들이 각자의 자리를 찾아간다. 바람결을 타고 영가들은 또 다른 인연을 찾아가야 한다. 이러한 영혼들을 따뜻하게 맞아주며 축복하는 사랑이 담뿍 담겨 있다. 신들은 모두 축복하고 환희로운 춤을 추고 있다. 그러니 천왕사는 항상 행복할 수밖에 없다.

늘 바라보는 눈과 눈이 마주 처
반짝반짝 빛이 난다
섞어 놓아도 섞이지 않는
각기 다른 영롱함
강함은 부드러움으로 강해 보이고
은은함은 미완성의 빠져듦
그들을 향한 정열
마음 가득 보배 창고에서
하나둘 쌓아 나누는
가치 있는 보석
안녕 진주
안녕 루비
안녕 에메랄드

안녕 다이아몬드
안녕 오팔
보배를 사랑하는 엄마
메리 크리스마스
(2005.12.24. 크리스마스이브 날)
　　　　　　　　－「메리 크리스마스」 전문

　해인은 이웃 종교에도 관대한 모습을 보여주고 있다. 이웃 종교에 대한 배려가 대단하다. 보통의 불자들은 크리스마스를 단순한 행사로 끝내고 말지만, 해인의 시에서는 부드러움을 통해서 강함을 알 수 있는 노자와 비슷한 모습을 볼 수도 있다. 도를 도라고 하면 참다운 도가 아니요, 이름을 이름이라 하면 참다운 이름이 아니다 (**道可道非常道 名可名非常名**)라고 하는 구절이 떠오른다. 세상은 온통 보배의 창고였다. 굳이 보배라는 이름을 붙이지 않아도 사람들은 그 진가를 알아본다. 참이 무엇인지, 진리가 무엇인지 헷갈리고 있는 현실의 세계에서 폭 넓은 종교인의 속성을 읽을 수 있다. 참으로 달관의 경지에 든 모습이 아닐 수 없다.

숲 사이로 훔쳐본
살짝 본 그 모습은
전부를 알 것 같은데

가까이서 자세히

관찰한 그 모습은
알 수가 없다

훔쳐본 모습은
너와 나의 같은 본마음
자세히 관하는 나를 뜬 뜬마음

굴곡진 도로 위의
달리는 자동차
있는 그대로 그대로 향해

본에서
뜬마음 다시 본마음으로
가는 길
― 「본마음 뜬 마음」 전문

 위의 시를 보면 하나의 선문답을 보는 것 같다. 조주 선사가 와서 서럽다고 울고 갈 지경이다. 골프장에서 퍼팅을 할 때 굳이 퍼터만 사용하라는 법은 없다. 삽으로 해도 되고, 드라이버로 사용해도 된다. 다만 퍼터가 조금 편하기 때문에 사용하는 것일 뿐이다.
 게임을 할 때나 장기를 둘 때도 선수보다는 곁에서 훈수를 두는 사람이 더 잘 본다. 폭넓게 보기 때문이다. 본마음이나 뜬 마음이나 결국은 다 같은 곳으로 가는 것이다. 골프공을 이리저리 쳐 보지만 결국은 작은 구멍으로 넣기 위해서 쳐대는 것과 같다. 목적지는 하나인데,

생각은 다양하다. 하나를 향한 해인의 달음질은 오늘도 계속 진행형이다. 이제 해인은 어디로 가야 할까 근심하지 않는다. 이미 목적지를 알고 있기 때문이다. 견성성불(見性成佛) 중생즉불(衆生卽佛)! 해인은 이미 부처가 되었다.

■ 흰머리의 소녀

누군가 나이는 숫자에 불과하다고 했다. 이 말은 바로 해인 시인을 두고 하는 말이다. 머리가 하얗게 되었다고 노인은 아니다. 영혼이 맑고 언제나 순수하기 때문에 그녀는 늙지 않는다. 웃음조차도 해맑기가 그지없다. 시를 통해서 그녀의 순수함이 살아 숨 쉰다. 이 시집에 올리지는 못했지만, 해인은 '동화'도 여러 편 지었다. 손주들에게 읽어주면 좋은 작품들이다. 차후에 해인의 동화집도 기대해 본다. 일단 해인의 시에 나타난 소녀적인 감정을 살펴보기로 하자.

뒤뜰 파란 물기 머금은
초목과 수풀 위에
바람 스쳐지나
지상과 하늘
이어주는 기다란
사닥다리
무엇이 슬퍼 안타까운 건가

회색의 사무친 그리움
무한히 기나긴
기다림
휑하니 가버린 빈자리
초록의 물결은 출렁이고
처마 기와 끝에 매어 달린
물방울은
세월 저편에서
회색의 공간으로 이동하고

세월을 축내고 있는
그대여!
나
여기
이렇게
타는 가슴으로
말없이
서 있는데

― 「물망초」 전문

  이 시를 읽노라면 마치 한 편의 동화를 읽는 것 같은 감흥에 빠져든다. '지상과 하늘을 이어주는 사닥다리'는 마치 야곱의 사닥다리를 연상하게 한다. 희망의 끈을 보여주고 있다. 회색 공간으로 이동한 그대는 누구인가? 물망초의 꽃말을 그대로 실현하고 있는 작품이다. 이것을 다시 하나의 동화로 만들면 좋을 것 같다는 생각을 했다. 세월이 흘러도 변하지 않는 마음으로 기다리고 있는 소녀는 아직도 그 자리를 지키고 있다. 천왕의 두물머리에서 흰머리를 가다듬으며 그대를 기다리고 있다.

> 너 거기 수십 년 간 우뚝
> 서있는 아름다운 자태
> 보고 또 보아도
> 자꾸 보고파
> 문 열고 뜰을 향한다
>
> 햇살도 거르고
> 바람도 스치고
> 늘 거기 서 있다
>
> 오늘은 너에게
> 누가 왔을까?
> 까치가 왔구나!
>
> 내일은 누가 올까?
> 음 참새가 올 거야
> 그 다음날엔 벌이 왔다
> 아주 많이
>
> 웅 웅 웅
> 벌들이
> 춤을 춘다

수만 수천의 꽃들이
꿀벌들을 맞이하고 있다
벌은 꿀을 따고
나는 나무 아래 꽃비를 맞으며
향기에 취해 있는
벌과 함께 한다
달큰한 향기
밥도 되고 떡도 되고

예전엔 목걸이 만들어
동무들과 놀았었다

톡톡 토도독
마당에는 비가 내린다
톡톡 토도독
추억이 쌓여간다

가만히 귀 기울이면
음악이 되어
오래 오래 누군가를
생각한다

내 나이보다 더
오래 살고
있는 해인의 뜰 주인 곁에
추억의 향기와
꿈 꾸는
벌들의 행복

그리고
가을을 기다리는 까치와 참새가
노래한다
―「감나무」전문

해인의 뜰은 언제나 동심의 동산이다. 까치부터 참새, 벌, 노루 등이 함께 살아가는 공존이 마당이다. 해인의 뜰에는 노루가 왔다 갇혀도 해인의 손에 의해 잘 먹고 돌아간다. 바람도 손님이 되고, 모두가 즐길 수 있는 놀이터가 되었다. 소녀의 뜨락은 언제나 온갖 중생들의 축제마당이다.

참으로 복을 많이 지은 보살이다. 그래서 늙지도 않는 모양이다. 자연을 사랑한 소녀는 오늘도 해인의 뜰에서 살며, 사랑하며 호흡이 있을 때마다 그리움에 젖는다.

■ 나가며

백거이(772~846, 중국 당나라 때의 시인)는 노구능해(**老嫗能解** : 늙은 할머니도 능히 이해할 수 있어야 좋은 시)라고 하였다. 시를 어렵게 쓰지 말라는 말이다. 그래서 백거이의 시를 읽으면 마치 이야기를 읽는 것 같은 느낌이 든다. 이규보(1168~1241 : 호는 백운거사 고려 의종 때의 대문장가, 경기도 여주 출신)는 '구불의체(**九不宜體** : 시를 지을 때 마땅하지 않은 9가지의 체)'에서 "남의 이름을 많이 쓰지 말 것, 남의 글을 표절하지 말 것, 어려운 운자를 쓰지 말 것, 어려운 한자를 쓰지 말 것" 등을 얘기했다. 해인의 시는 이러한 불의체를 전혀 사용하지 않았고, 낙이불음(樂而不淫 : 즐겁되 음탕하지 않은 것), 애이불상(哀而不傷 : 슬프되 상처를 주지 말 것)의 틀을 완성했다. 즉 쉬운 시를 쓰면서도 촌사람들이 떠드는 듯한 유치함을 보이지 않았고, 인간사의 애환을 그리되 지나치게 음탕하거나 슬퍼하는 것을 벗어나 있다는 말이다.

늘 청순한 백발의 소녀로 남아 있기를 기원하며….

2025년 11월 일

중부대학교 명예교수
한국대학교수협의회 대표
문학박사 최태호 識

■ 저자 해인(海印) 신연숙

- 한국불교 태고종 전법사
- 천안초등학교 운영위원장
- 천안공고 학교폭력 위원장
- 천왕사 해인의 뜰 원주(院主)

해인 시집

보이지 않는 흔적들

초판 인쇄 2025년 10월 25일
초판 발행 2025년 10월 30일

지은이 해인 신연숙
펴낸이 강신용
펴낸곳 문경출판사
주 소 34623 대전광역시 동구 태전로 70-9 (삼성동)
전 화 (042) 221-9668~9, 254-9668
팩 스 (042) 256-6096
E-mail mun9668@hanmail.net
등록번호 제 사 113

ⓒ 해인 신연숙, 2025

ISBN 978-89-7846-883-1 03810

값 15,000원

* 무단 복제 복사를 금함
* 잘못된 책은 교환해드립니다.